호수에 조약돌 하나 던졌다
나 여기 있노라고

샘문시선 1027
김현미 시선집

사하늘의 바닥에서 별이 솟았듯이
땅의 바닥에서 풀과 꽃들이 솟았듯이

꽃이 아니어도 풀죽지 않는 풀들처럼
하늘의 바닥과 땅의 바닥을
지향하며 살아야지
〈내게로 오는 별이 있다, 일부 인용〉

이슬은 맑아지고 커지고
순한 종소리가 되어
묵음의 맥놀이를 만들며
흰 땅을 적시고
지평선을 울린다
〈새벽과 아침 사이, 일부 인용〉

숲을 지나다
매미의 허물을 붙잡고 있는
나무 한 그루를 만나면
한 번쯤은 그에게
붙들려 주자
옹이에 고인 슬픔을
쓰다듬어 주자
〈사랑이란, 일부 인용〉

님께
_____

년   월   일

드립니다.
_____

도서출판 샘문

한용운문학상 수상작가

호수에 조약돌 하나 던졌다
나 여기 있노라고

김현미 서정시집

우리 모두는 같은 부호를 사용하는 별이다

느낌표와 물음표가 끝없이 교차되는 시간들을 걸어 왔다
쉼표도 마침표도 없는 빼곡한 날들이
내가 부르지도 원치도 않은 낯선 날들이
아침마다 두드리고 저녁마다 잠 못 들도록 흔들어대는
나날들!

나 혼자 어두운 터널을 걷는다고
나 혼자만 끝이 안보이는 미로를 헤멘다고,
그럼에도 누구를 원망할 수 있는 일이 아니라는 것쯤은
나도 알고 있다.
그러니 견뎌내! 견뎌봐!
최소한 도망치지는 않고 살아서 다행인 인생이다
내가 물음표일 때 느낌표가 되어주는 옆사람이 있고
옆사람이 물음표일 때 내가 느낌표가 되어주면
비로소 쉼표가 생기는 것이었다.
지금 제가 쓴 모든 부호는 마침표를 제외한
느낌표와 물음표들이다.
그 사이에 쉼표는 저절로 새싹처럼 자란다.

세상 모든 사람이 나와 같았다는 것을 지금은 안다.
우리 모두는 같은 부호를 사용하는 행성의 별이니까.

저의 첫 시집을 출간하기 위해서 수고해주신
샘문시선 이정록 회장님(발행인)과
편집위원님들께 감사드립니다.

시인의 말

저를 늘 응원해주는 가족들에게도 사랑한다는 말과 함께
고맙다는 말을 전합니다
친구, 지인들께도 감사드립니다.
부족한 글이지만 독자님들께 드리는 글입니다.
많이 사랑해주시기를 부탁드립니다.
사랑하고 감사합니다.

2022년 1월 10일

지산 김현미 드림

비움의 고요 속에서 관계를
보듬어 가는 시의 아우라

김현미의 시집
『호수에 조약돌 하나 던졌다 나 여기 있노라』에 부쳐

심종숙(시인, 교수, 문학박사, 문학평론가)

오랜만에 나의 마음에 드는 시집을 읽었다. 이것이 김현미의 시집 『호수에 조약돌 하나 던졌다 나 여기 있노라고』를 읽어본 나의 소감이다. 다가올 메시아를 기다리는 이때에 이 한 권의 시집을 나는 만남으로써 하나의 구원을 만났다.

김현미의 시집『호수에 조약돌 하나 던졌다 나 여기 있노라고』는 1부 봄날이 가네, 2부 이슬로 눈을 씻고. 3부 새가 자라는 나무의 구성으로 이루어져 있고 총 91편의 시가 실려있다. 한 마디로 김현미의 시세계는 그리움과 사랑, 그리고 보듬어 안기이다. 그러니 이 시집을 읽는 독자들은 그녀의 시편들을 통하여 치유를 받고 상처가 낫게 된다. 언어의 간결성과 직관적인 정서에서 오는 통찰의 사유가 빛난다. 그러면서도 사물을 자신의 의식세계의 표현으로 빌려 쓸 때 그것을 결코 이용하지 않는다. 그 사물과 하나가 되고 그 사물과 진지하고 부드러운 관계 짓기를 통해 시의 표현을 웅그려내는 데에 이 시인만의 독창성이 있다고 생각된다. 그녀의 시어들은 누가 읽어도 쉽게 이해가 될 수 있는 언어를 선택하되 표현법은 생태적 글쓰기

서문

에 가깝고 사물과의 만남이 고요하면서도 오랜 시간을 서로 바라보고 알아 신뢰감을 기반으로 하여 맺어져온 관계의 깊이를 느끼게 한다. 그리고 사물의 본질을 꿰뚫어 표현하되 쉬이 알 수 있는 언어로 표현하며 직관적 통찰과 전복적 사고를 드러내기도 한다. 간결하거나 다소 길게 언어를 풀어볼 때도 그녀 나름의 사유의 선을 분명히 보여주고 있다.

그녀의 주제는 그리움과 사랑, 관계의 결실이다. 이 성숙이 시의 언어의 성숙에도 깊이 연관이 되어 있는바 그녀의 시어가 지니는 매력으로 이어지는데 그것은 큰 울림을 이루는 시어와 표현 방법이라고 생각한다. 자신의 정서와 의식세계의 것들을 언어로 만들어 낼 때 그녀는 적멸과 같은 고요와 절대 고독에서 풀어내고 있다. 매미의 허물을 해석하는 그녀의 인식은 몇 단계의 의식을 거쳐서 놀라운 발견을 해내고 나무가 매미를 필요로 하는 관계로까지 나아가 시인의 인식 단계가 초월적 단계로 들고 있는 건 아닐까 생각하게 한다. 그녀의 시를 읽다보면 사물과 인간이 어떻게 관계를 맺어나가야 하는가를 알 수 있다. 끊임없는 사유의 작용이 새로운 해석을 만드는데 여기에는 누구나 동의할 수 있고 더 높은 차원의 인식으로 끌어 올려줌으로써 읽는 이를 성숙에 이르게 한다.

한 편 한 편의 시를 건져 올리는 그녀의 정성과 정진된 영의 상태와 정갈함이 읽는 독자들에게 영의 정화를 선사할 수 있는 시집이라고 생각한다. 사랑과 그리움 그리고 관계 짓기는 인간이 살아가는 본질이다. 그녀의 시가 태생되는 지점이 그곳이고 그녀는 세상을 이런 시각으로 바라보기에 그것 아닌 세상사에 대한 서운함, 분노, 실망, 박탈감, 소외감 등의 부정적인 정서를 오랜 시간 삭이고 삭여서 마땅히 지향해야 할 세계의 뿌리를 신뢰하기에 긍정적 정서로 돌아서고 그 긍정적 정서의 힘을 온유하게 풀어나갈 수 있었다. 그녀의 사물에 대한 천착의 깊이가 바로 이 신뢰감과 긍정적 정서로 궁그릴 수 있는 힘이 되었다고 생각한다. 그녀의 시가 태어나는 곳은 바로 하늘과 바다, 매미와 나무, 나와 꽃 등의 관계에서 이루어지는 관심, 여유, 바라봄, 신뢰에서 시의 언어를 얻어왔고 사유를 더욱 깊이 할 수 있었다고 본다.

새에게 나무는 집을 지어놓는 곳이고 새끼를 까고 키우며 성숙시키는 곳이듯 그녀의 시의 나무는 바로 그녀의 시가 태생하는 둥지일 것이다. 또 나무는 새를 깃들게 함으로써 나무와 새의 관계가 서로 깃들이고 자라나게 하는 관계로서 빛나게 된다. 김현미의 시세계는 바로 이 지점에서 천착하여 사물과 관계를 맺어왔고 거기에는 깊은 신뢰의 뿌리가 세상사의 비바람에도 결코 흔들리지 않는 그녀만의 견고한 믿음을 자라게 하였다. 여기에서 얻은 깨달음을 시로 풀어내는 그녀의 솜씨는 "주고받았던 말들을 다 버리고/ 다시는 말할 줄 아는 짐승이 되고 싶지 않을 때/ 하늘을 본다."(「하늘을 본다는 것」)라는 표현에서도 알 수 있듯이 깊은 침묵 속에서 길어낸 시의 아우라는 바로 빈 하늘이었다. 이는 "허물이라 부르는 이 허물이/뜨거웠던 삶의/ 속 알맹이였음을/ 긴 여름/땀 흘리며 배운다"(「안녕, 매미」)에서 허물과 같은 것이다. 여기에는 "충분한 행복은 있어도/ 충분한 불행은 없다// 넘치는 불행을 알아도/ 넘치는 행복을 다 모른다"라는 댓구적 병행법을

서문

쓴 두 연의 탐색을 거쳐 이루어진 깨달음을 시인은 빈 매미의 허물을 통해 술회하고 있다. 주고 받았던 말들과 매미의 긴 울음이 삶의 고통이라면 빈 껍질과 하늘은 그 고통을 넘어선 적멸의 고요 상태이며 그녀의 시는 이렇게 장작불이 죄다 타고난 후의 재와 같이 다시 기름이 되는 것이다.

 부정부패의 결과로 정의와 공정이 무너져 소란스러운 세상사, 인간을 우상에다 절하게 하는 세상의 그릇된 가치와 가르침은 인간과 자연, 사물과 우주를 자라나게 할 수가 없다. 지향해야 할 사랑의 아우라는 인간과 자연, 사물과 우주가 마땅히 있어야 할 그 자리에서 각각 존재하면서 서로 어우러져 살아가고 결실을 맺어가는 우주의 대순환의 진리 속에서 둥지를 트는 시의 아우라임을 다시 한 번 확인케 하는 시집이었다. 출간을 진심으로 축하드리며 이 시집으로 많은 영혼들이 구원되기를 바란다.

한용운문학상 수상시인 김현미 시집
호수에 조약돌 하나 던졌다
나 여기 있노라고

시인의 말_우리 모두는 같은 부호를 사용하는 별이다 ············· 4
서문_비움의 고요 속에서 관계를 보듬어 가는 시의 아우라 ······· 6

1부 봄날이 가네

홀씨	14
민들레	15
봄밤	16
꽃가루	18
달밤에	19
엄마의 계절	20
봄비	21
동백꽃 1	22
동백꽃 2	23
제비꽃	24
새에게	25
무지개	26
꽃가루	27
촛불	28
티끌이어라	30
5월의 약속	32
그리움의 내력	34
풍경	36
몸살	37
꽃돌	38
봄날이 가네 1	40
봄날이 가네 2	42
순식간	44
진주조개의 기억	45
꿈	46
배웅	48
나비	50

2부 이슬로 눈을 씻고

인연 ··· 52
끌림 ··· 54
폭포 ··· 56
이슬로 눈을 씻고 ································· 58
새야 새야 ··· 60
장미 ··· 61
바람의 언덕 ··· 62
민들레 홀씨되어 ································· 64
라일락 아래서 ····································· 65
오월이었습니다 ··································· 68
수련 ··· 70
수련 2 ··· 72
돌탑 ··· 73
내게로 오는 별이 있다 ····················· 74
더디게 오는 것들은 ··························· 76
들꽃 ··· 78
접시꽃 ··· 79
모란이 진다 ··· 80
바람에게 ··· 82
풍란 ··· 84
매화차 ··· 85
소나무 ··· 86
별들의 고향 ··· 88
밤비 ··· 90
유월 ··· 91
달동네 ··· 92
행복 ··· 94
개망초 ··· 95
그 사람 ··· 96
지저귀다 ··· 98
사람을 살라먹는 별 ························· 100

3부 새가 자라는 나무

새가 자라는 나무 ······ 102
새벽과 아침 사이 ······ 104
사람의 무늬 ······ 106
빗소리 ······ 107
장마 ······ 108
장마2 ······ 110
장마3 ······ 111
장마4 ······ 112
장마5 ······ 114
있는 그대로 ······ 116
해바라기 ······ 118
등산 ······ 119
그림자가 많은 사람 ······ 120
소나기 ······ 122
너의 의미 ······ 123
소용없는 짓이 씨앗을 만들고 ······ 124
청국장을 끓이며 ······ 127
불면 ······ 128
폭염 ······ 129
수평선 ······ 130
안부 ······ 131
소낙비 ······ 132
봉숭아물 들이며 ······ 134
해바라기 ······ 135
사랑이란 ······ 136
아득히 먼 곳 ······ 138
처서에 ······ 141
하얀 나비 ······ 142
네 생각 ······ 143
연꽃을 보내며 ······ 144
안녕, 매미 ······ 146
우산 속 ······ 147
하늘을 본다는 것 ······ 148

1부
봄날이 가네

홀씨

바람을
따를 줄 알아
바람을
이기는 너

꽃보다
가장
꽃다운 너

민들레

내 이름 몰라도
마주치는 눈빛마다
한 마디 꼭 하는구나
오늘도
웃었냐고

사람이 지어준 이름 너머
진짜 네 이름 몰라도
참 좋다
네가 너여서
내가 나여서
좋다

봄밤

달 하나가 몸속을
헤메고 다닌다

어쩌다 여기 들어왔을까

몸속 마음속 여기저기
꽃망울을 슬어 놓는다

몸 하나 빌려 주려고
세상에
태어났다는 걸
오늘에야 깨닫는다

잊지 말아야지
빈 그릇이라는 것을

잠시 달 하나 품고 살아
행복하였네

맑은 바람 담고
따뜻한 구름도 담는
빈 그릇이 되자

물이 찰랑이지 않아도
푸르게 별이 담겨지는
작은 종지가
되자

꽃가루

누군가

보고 싶어서

자꾸만

비비는 눈

달밤에

내 마음 아플까 봐
너
등 돌리지 못하고

밤사이
가버릴까 봐
두 팔
뻗는 꽃가지

엄마의 계절

엄마 손금에는
나목이 자라고
낙엽이 구르고
마른 풀냄새 고이고

김치 냄새
된장국 냄새
밥 짓는 냄새
달디 달게 흐르고

오늘은 봄,
쑥 냄새
냉이 냄새
손금따라 배이더니

먼데 쳐다보는 두 눈엔
해질녘 풀어진 노을같은
봉숭아 꽃물이
흐르네

봄비

한밤중 봄비 가로되
허공도
길이더라

발디디니 길이 나고
한걸음이 다른 한걸음 불러주며
나아가더라

헤맬 수 있는 곳이면
어디든
걸어가 보라

매달려 있지 말고

쓸데없는 내공 쌓지 말고

어디로든
걸어가라

동백꽃 1

그리워
그리 울다가
그 길로
가는구나

그냥 툭
생을 던지면
네 사랑
거룩해지는거니

남은 봄날 아직
시작도 못했는데

병이네
지병이네

동백꽃 2

그리움

아껴 피거라

마음 다

걸지 말고

제비꽃

오솔길
중에서도
끊어질 듯 말 듯
실낱같이 이어지는
그런 오솔길

사라질 듯 말 듯
하면서도
끝내 이어지는

푸른 실핏줄처럼
연약하여
헛기침이라도 할라치면

하얀 물보라처럼 터져
흩어지고 말 것 같은
그 길에 네가 있다

숨은 듯 만 듯
네가 있다

조금도
기다린 적 없었다는 듯이
네가 있다

새에게

너를 우러러보지만,
그리운 마음 평생이지만
쌓인 마음만 천근만근이다

마음으로 욕심낸 죄가 많아
날개를 얻으려면
너를 버리고 너를 잊으라 한다

오로지 다 잊고서 다 버리면
날아만 가라하면

날개가 천개라 한들
하늘을 넘어서 본들
그것이 무슨 소용이겠나

이 세상 잊고
내가 누군지 네가 누군지
구분 없이 사는 너를
새라고, 새라고 불러본다

무지개

향기가 없어도
벌 나비 없어도
아름다운 꽃
가시가 없다고
마냥 꺾을 수 없고
뿌리가 없어
내 곁에만 두고 보려
옮겨 심을 수 없는 꽃
하늘을 우르러야만
보이는 꽃

꽃가루

겨우내
창가에 앉아
찬 햇빛에 잘 말린
사모의 마음을
꽃가루처럼 곱게 빻아

아무데도 숨기지 않고
오월의 바람에
풀어 놓습니다

당신의 등이
조금도
무겁지 말라고

산과 하늘을 맴돌다가
잘 안다는 듯이
숲으로 강으로
돌아가는
꽃가루

촛불

이 세상
모든 말, 모든 생각이
모여
고요가 되었습니다

모든 마음, 모든 고통이
모여
흰 몸을 이루었습니다

모든 헤어짐, 모든 만남
모든 사모함이 모여
심지가 되었습니다

침묵이 오래오래
깊고 무거워져
어둡고 어두워지면
불꽃으로 켜지고
타오르고

이 불꽃
다 타오르고 나면
눈물도 몸의 한 조각이었음을
사람의 생과 삶이 다 촛불인 것을

희고 연약한
한 자루 초였다가
홀로
뜨겁게 눈물 흘리다가
꺼지는

티끌이어라

우리가 이 생을 흔적도 없이
스쳐가는 한낱 티끌이 맞습니까?

무람없이 이 말에 끄덕이며
살아 왔습니다
앞으로도 그러겠지요

무슨 티끌이 이렇게도 무겁고
눈물도 많고 생각도 많고
끈덕지기까지 한 지

티끌답지 않게 우주를 눈치채고
시간을 엿보고

그러면서
사랑 근처는 얼씬도 못하고요

티끌끼리 살생도 한다죠

한낱 티끌로 살고 있을 뿐이지만
세상은 티끌이 아닐지도
모르지요

내가 뭔가 크게 오해를 하고 있는 것인지

하루하루
매일 다시 태어나는 생을
벌 받듯이 받아들고

어찌해야 할지 모르겠습니다

새 한 마리가 티끌 하나를
목숨처럼
물고 갑니다

5월의 약속

나의 상처로
세상의 모든 사랑을
모른 척 말자

나의 눈물로
세상의 모든 강물의 흐름을
막지는 말자

나의 외로움으로
그들의 외로움을 이용하지 말며
나의 고독으로
촛불을 밝혀
그와 함께 슬픔을 말리자

마음의 죽음으로
하늘을 가리지도 말며
나의 얼굴에 뜬 태양에
그늘을 드리우지는 더더욱 말자

나여
내가 너여서 좋다
어둡고 하찮은 너를
눈물나게 사랑하니
내 고백을 받아주기를
내 등 뒤를 지켜주기를

그리움의 내력

하늘이
바다를
그리워하는 것 좀 봐

바다가
하늘을
그리워하는 것 좀 봐

그리움끼리
스며서
같은 색으로 물 들은 거

파아랗게 물들어
있는 거

그 사이에 들어와
살고 있는 내가
누군가 그립지 않다면

마음속 구석구석
파랗지 않다면

닿지 않는
인연 때문에
가끔 파도가 되어

흰 포말을
쏟아내지 않는다면
어떻게 살 수 있겠니

풍경

강 저편
날아가는 학
청자빛
그늘이 깊다

높이 더 높이 박차고
올라간 날개
제때 못 따라간 그림자

추락하고 또 추락했어도
긁힌 자국
하나 없다

몸살

봄날엔
아지랑이만 보여도
지그시 타는 통증

한겨울
무릎 꿇고 살아내느라
멍든 뼈마디에
노란 민들레를 올려
놓는다

신기루다
신기루다
신기루보다 더 신기루다
봄은

꽃돌

뒹굴다 내 앞에까지
도착한 돌멩이
어느 별에서 떨어진
별조각이려니
문득 생각해봤어요

원래는 꽃잎이었던 것이
이곳까지 오느라
단단해진,
아주 오래 나를 그리워하다
망부석이 된 꽃잎 한 장이라고.

그 돌을 소중하게 주머니에
넣었어요

집으로 돌아와 머리맡에 두고
매일매일
눈맞춤을 하지요

꽃잎이 몇장이나 쌓여야
돌처럼 단단해질까
빗금으로 남아있는
눈물자국은
얼마나 깊고 오래된 것일까

얼마나 눈을 맞추어야
이 돌이 깨어날까
나를 알아보고
나도 그를 알아보아
서로 부둥켜안을까

그럴 날이 오긴 올까요

이제 한 별에서 만났으니
서로 다른 얼굴이라도
만났으니

우리를 기다리는 것은
밝은 미래뿐이겠지요

봄날이 가네 1

가는 봄이 아까워

이 봄바람, 이 꽃잎들
꽃향기, 꽃술의 떨림들
새소리들
명치께에 꾹꾹 눌러담아
한 겹 두 겹
꿰매 놓아야겠다

혼자 깨어있어야 하는
어느 캄캄한 겨울 새벽
서리 낀 얼음꽃이 온 세상의
숨통을 누를 때에
창문들조차
눈뜨기 힘겨워할 때

내게도 봄날이 있었음을
생각하기 위해

새소리에 놀라
떨어지던 꽃잎들
한 점 그늘 없는
저 연분홍 온기를 꺼내
입어야지

연두빛 실버들로
바늘귀 꿰어 가지런 가지런
매듭지어 놓은 것
밤새며
풀어 입어야지

봄날이 가네 2

늦은 봄엔
강물이 무심하여도
견딜만하다
조금도
서운하지 않다

돌아봐 달라면
뒤돌아 봐 주겠는가
제 앞만 볼 줄 아는 강물이

이렇게
끄덕이게 된다

봄바람이
늦은 저녁길에
좀 업혀보라
등 대주지 않아도
다 이해가 된다

잠시 멈추어 보란다고
멈추어 서겠는가
제 한 몸 가눌 등뼈도 없는 것이
앞뒤 구분도
못하는 것이

이렇게 훌훌
보내게 된다

손 흔들어주게 된다

순식간

가지에
허공을 벗어놓고
바위에 잠시 쉬는
작은새야

너 놀랄까봐 숨 참느라
꼼짝 못 하는
바위 좀 봐

모른 채
무심히 박차고 간
너 있던 자리

텅 비자마자,
허공이
내려앉자마자

참았던 숨
토해놓고
천근만근이 되어버린
바위를 좀 봐

진주조개의 기억

오래된 상처

삼킬 수 없어

뱉어 보니

너였지

꿈

무논 한가운데 허리 굽혀
일하시는 아버지 다리가 젊다

그 나라에선 아직도
이승의 기억을
지우지 않았나 보다

못자리 일철마다
꿈속으로 일하러 오시는
아버지

왔다는 말도
간다는 말도 없이
일만 하시는 아버지

버들가지 아직 촉촉한
우물가로 가요

미나리꽝 옆
향긋하던 그 우물로 가요

이 세상 벗고도 땀 흘린
야윈 몸에
등목물 해드릴게요

하얀 수건 들고 뒤에서
기다릴게요

아직도 어린 날 놓아두고
가셨던 아버지
자꾸만 일하러 오시려는 아버지

이제는 배고프지 않아요

배웅

봄을 데리고 가는 비

붙잡지
말아야겠지
꽃잎도
꽃물결도

다 내려놓고
다 보내버리고도
남은 내가 아직 있다

가장 약한 아이가 남아서
그 아이 혼자 남아서
버릴 수가 없다

열렬히 다가오는
저 나무들을 보라
주춤하는 듯하다가도
어느새
어깨를 두드린다

땀방울 맺힌 녹색 이마로
내 이마를 건든다

나를 모시러 온 계절에게
한 번 더 절해야겠다

태양의 제단 앞에서
담금질해야 하는 심장을
가는 봄비에 적셔 놓자

나비

너는 날개가 있으니 날아서 가고
나는 날개가 없으니 걸어서 가고
너는 날개가 있으니 허공을 짚는 것이고

나는 날개가 없으니
땅바닥을 벗어날 수가 없는 것이고
너는 날개가 있으니 멀리 있는 꽃의 부름을
알아듣는 것이고
나는 날개가 없으니 바로 앞뒤의 소리도
알아듣지 못하는 것이고
고개를 돌려야 하는 것이고
너는 날개가 있어 위아래를 아는 것이고

나는 다리를 두 개나 가진 죄로
네가 사는 세상을 다 알 수가 없다

나비야
이번 생은 가벼이 지나가자
모른 채 지나가자
다음 생애는 사람되어 만나자
나비 되어서도 만나자

2부
이슬로 눈을 씻고

인연

떠나고
돌아오지 않는 사람이
물 흐르듯
마음에서 흘러나가지
않는 것은 왜 이렇습니까

원래 있던 자리로 돌아간 것
뿐이라고
말하는 사람은
어째서 그렇게 말할까요

너의 인연이 아니었다고
말하는 사람은
무엇으로 그렇게 말합니까

하룻밤 사이에
별 하나 없어지는 일
천 년도 더 묵은 산 하나
사라지는 일
그런 일의 이루어짐은 무슨 까닭인지요

입술을 아무리 깨물어도
한 번 돌아봐줄 줄 모르는
강물의 무정함이
눈부시기만 한 것은
또 무슨 까닭입니까

불가능한 일만 일어나는 것이
사람의 마음 속인걸
누가 이해합니까

끌림

고래를 천 마리도 넘게
키울 수 있는 바다는
손바닥만한 달에게
매번
끌려다닌다

커다란 덩치에
순둥이 같은 푸른 눈을
꿈벅꿈벅 하면서.

때론
성난 듯이 파도를 던지고
고함을 지르는 것 같지만
본성대로
그러는 것이 아니다

멀찍이서
여리게 떠 있는 저 여자
긴 은발을 바다에 드리워놓고
바람과 노닥거리는
저 가녀린 달년이
그러는 것이다

바다는
그녀의 그림자에서
한 발짝도
벗어나지 못한 채

그것을 불행해 한다는
소문은커녕
가까이 온 적이라곤 없는 달에게,

올 듯 말 듯
눈웃음만 짓고 마는
이슬 한 방울같은 저 달년에게

언제나
매달리고 또 매달린다는
끝이 안 나는
사랑의 전설만 들리고 있다

폭포

한 사람을 향해 폭포가 되어
쏟아지는 것은
누구 한 사람 죽거나
죽이는 일이지요

이 세상에 쏟아져도 좋을 것은
다만 별빛이고
다만 달빛입니다

하늘이 내리는 것에
사람 마음을 겨냥하는 것은
없으니까요

사람의 마음은 낙숫물같이
한 방울씩 묵묵히 떨어져야
깨지지 않고
둥근 자취가 됩니다

그렇게 조심하여도
메울 수 없는 컴컴한
구멍을 낼 수 있는 것이
사람 마음이지요

그 구멍 속에서
발버둥 치던 사람은
꿈에서도
베개 뒤로 숨습니다

폭포를 거슬러 오르는
연어들의 소리가 멀리서 빗발칩니다
저 마음은 어디서 어떻게 생겨났는지
누구에게 물을까요

누구 하나 죽지 않으면
끝이 안 나는 저 마음을
무엇으로 막을까요

이슬로 눈을 씻고

새벽은 가끔씩 나를
깨워 놓습니다

불러놓고
말없이
물끄러미 쳐다봅니다

지긋이 들여다보는
그 마음에

없던 마음 생깁니다

있던 마음은 얼굴을 못 들고
없었던 마음이
무릎을 꿇고

내 무릎을 만집니다
서로의 무릎을 맞대고

사람 되어 사는 일
이슬에 눈 씻는 일

새소리에 귀 기울이는 일에 대해
한 마디씩 주고 받습니다

주고받은 말을
머금고 있자니

없었던 마음 따라
희미하게 고개 드는
새벽 별들이
손가락을 펼쳐듭니다

새야 새야

얼마나
비를 맞아야
너처럼
노래할 수 있을까

얼마나
바람을 길러야
너처럼
날개짓할 수 있을까

얼마나
천둥번개를 맞아야

내 집이 하늘이라고
감히
말할 수 있을까

장미

향기를 취한다 해서
가시로
찌르진 않아요

날 속이고
꺾어 소유하려는
마음이라면
그 마음이
내 가시를 깨우는
독이 될 거예요

천천히
다가오시고
진심만
가져오세요

내 마음 하나로는
아무도
찌르지 못하니까요

바람의 언덕

바람꽃들 피고지는
긴 언덕받이에
오래전 왔다간 사람 그림자들
병풍처럼 쓰러지네

동쪽과 서쪽사이로 쓰러지네
앞으로도 옆으로도 쓰러지네

가지마 가지마 하면서 쓰러지네
뒤로는 쓰러질 줄 모른다네

기다리라는 말뜻을 모르는 바람에게
기다려 기다려
거품 토하는 구름처럼

저기 아래에 기다림만
길게 태평스레 펼쳐놓고
넋 놓고 누워있는
귀먹은 해변을 향해

누구냐 누구냐 부르짖다
목이 다 쉬어버린 파도처럼

언덕 위 바람 속에
밤낮없이 갇혀사는 풀과 나무와 꽃들 옆에서
똑바로 서지 못하는 그림자들처럼

먼데 수평선만 보느라 돌아눕지도 못하는
제 목소리에 저 혼자 소스라치는
바람의 언덕

민들레 홀씨되어

흰 구름
솜털 사이에
살아도
보고싶고

흰 새의
잔등에 앉아
살아도
보고싶다

하얀 첫눈 디디며 오는 곳
거기가 어디든
그리워하며
살아왔듯이

까마득한 네 추억 속에서
한 번
영원한 봄으로도
살아
보고 싶다

라일락 아래서

라일락 꽃그늘 아래에서
그늘진 표정을
매번 닦아냈더니
내 손이 얼룩진 손수건이
되었습니다

누군가의 손을
덥썩 맞잡지 못하는 이유입니다

손수건이 얼룩지고
구김이 늘어갈수록
라일락 꽃잎도
무성해졌습니다

무성해진 땀방울들은
손수건을 보랏빛으로
짓이겨 놓았지만
좋아하는 색깔이기에

이제는
이 손수건 한두 장만 있으면
살 수 있겠습니다
여러 장의 손수건은
업보가 되어
슬픈 나비떼만 자꾸
불러낼 것입니다

불려나온 나비들은
이유를 묻겠다는 생각도 없이
아무렇지도 않게
이승의 바다를 건너야 하는
벌을 받을 것입니다

억울해하거나 아파하지도
않는 가장 연약한 나비의 날개가
바다의 가슴에 파도를
일으킨다는 것은
오래된 비밀입니다

하여
얼룩이 지면 질수록
나비향만 풍기는 손수건이라고
이름 짓겠습니다

내 살과 피에서 스며나온 땀방울
꽃잎의 피와 살에서 스며나오는
향기의 방울을
골고루 닦아 마련된
두 장의 손에 꼭 맞는
손수건이라 하겠습니다

얼룩이 꽃무늬처럼
피었다간 번져서
다른 얼룩을 덮어주는
이 손수건을
잊어버리지 않고

라일락 그늘 아래 묻은
내 얼굴의 흔적을 조금도
남기지 않고 깨끗이 정돈해 놓고
돌아가겠습니다

오월이었습니다

누군가, 오월엔 바닥에 누운
그림자에도 꽃이 핀다고,
정말이라고
다정하게
말해 주었습니다

그런 줄 알고
그렇게 따뜻한 말
반지처럼 약지에 끼웠습니다

봄날에 생긴 가슴 멍은
지우는게 아니라고
그건 아니라고
달래도 주길래

그렇게 설레는 말 목걸이처럼
소중히 가슴에
걸었지요

순백의 목련이 날개짓하는 봄밤에는
몰래 바람나 도망가는 것도
용서가 된다고
속삭이길래
그럼 따라가겠노라고
철딱서니 없이 말했습니다

꿈처럼
노래처럼 들리던 목소리
저만치, 저어만치 가고 있는
오 월이었습니다.

수련

연못의 얼굴이
볼우물 지으며 배시시 웃는 듯
보이는 것은
네가 거기 피어 있어서이지
피어서 떠나지 않아서이지

연못의 마음이
나날이 착해지는 건
찡그리는 일도 없이
네 조용한 미소로
가슴속 흙탕물을
가라앉혀 주어서이지
그니의 두 눈을
마주 봐주어서이지

시골 태생답게
부끄럼 많고 순진도 많고
말을 더듬을 때도 있지만
그래서 간간히 첨벙거릴 때도
있지만

너를 위해서라면
연못은 끊임없이 밝은 표정만
지을 거야
둥근 물결모양의 사랑으로
끝없이 안아줄 것이야

수련 2

이른 아침
이슬 머금은 수련 한 송이를
두 손으로
거두어 와

그리움이 지나쳐
핼쑥해 지고만
초승달에게 몰래
보여 주려고

수 놓은 적 없는 빈 수틀에,
팽팽히 당겨진
푸른 천 위에,

가만히 올려놓았다

돌탑

돌멩이

하나 올리고

욕심 하나

내리고

내게로 오는 별이 있다

마음이 길을 잃고
어딘가로 추락해버렸다면
그 자리에 붙어서
그냥 살아야지

최소한
디딜 바닥이라도 있는
그곳에서

하늘의 바닥에서
별이 솟았듯이
땅의 바닥에서
풀과 꽃들이 솟았듯이

꽃이 아니어도 풀죽지 않는
풀들처럼
하늘의 바닥과 땅의 바닥을
지향하며 살아야지

허공을 응시하는 버릇을
조금은 가지런하게
다듬자

풀이 그러듯이
별이 그러듯이
바닥의 바닥을 파서
그 속에 뿌리를 떼어놓고

죽어도 그렇게
살아도 그렇게

더디게 오는 것들은
뿌리를 먼저 키우기 때문이다

그늘진 비탈길
그루터기 틈새에서

생각 없이 한 발
내밀었던 싹은
왜 한 발짝 더 안나오고 있을까요

무엇이 두려운지
말이라도 알아듣는다면

(내가 무슨 도움이 될까마는 애타는 마음이라도
보태줄 수 있으니요)

너 때문에 깊은 잠을 못자겠다고
어수선한 꿈에 시달린다고
알려줄 수도 있겠는데요

아주 잠들지도
활짝 깨어나지도 못하는 너를
내가 몹시 신경 쓴다고

어떤 거미줄 같은 꿈에 걸려들었는지
생각에 생각을 거듭한다고
말해 주고 싶은데요

그것이 무슨 도움이 될까마는
그래도 계속 속삭여주면
저 혼수상태에서도 무언가 알아듣고
나머지 한 발이 움직여지지 않을까요

나와는 상관도 없는 그들의 일에
왜 이리 깊이 관여하는지
당신은 알까요

들꽃

말 걸면

웃어 주길래

온종일

혼잣말

했다

접시꽃

어디쯤
오고 계실까

층층이
올라가본다

무엇을
담아 드릴까
석류 같은 마음 하나

층층이
오르던 하늘
층층이
내려온다

그림자 위에
쉬던 나비

왜 거기 있었냐고
묻지 않았다

모란이 진다

초저녁
찻물 끓이고
피어오르던 김이 식을 무렵

열린 창문 아래로
모란꽃 지는 소리

별 하나 뜨는 소리이거나
별 하나 지는 소리인지도
모릅니다

당신의 발걸음은
너무 멀리 있어
귀 기울이기 어렵고요

내 목소리 너무 낮아서
가 닿지 못하고요

우러난 차향을 뒤로하고
모란이
저녁 문턱을 넘어서
달빛 흐르는 쪽으로
사뿐히 걸어갑니다

가만히 들어보니
두루미 걸음소리와
비슷합니다

바람에게

네 몸은
어디다 두고
내 살을
파고드나

썩지도
않는 너의 몸
네 몸을 입으면
나는
불멸이 될까

불멸을
몸에 입고도
빈 나뭇가지 붙들고
사무치는 몸부림

없는 듯이 사는 일이
그렇게 사무칠 일이라면

너 또한 하늘이 준 날개를
입은 것은 아니겠구나

우리는 서로의
어깻죽지를 쓰다듬어 주자

소용없는 몸부림을
가지에 걸쳐두고
저녁으로 몰려드는
석양에 섞여들어

저 아득한 지평선을
건너버릴까

풍란

한밤에
몰래 오는 빗소리는
아주 깊은 잠속으로도

어떻게든지 스며들어
꿈도 이불도 베개도
머리칼도 다 적셔 놓았다

추워서 깨어났더니
하얗게 떨고 있는 네가
보였지

빗물에 젖었나 했더니
네가 뿜은 향기
너의 입김 때문이었어

빗소리 따라
죄다 피워낸 향기가
방안에 흥건했어

봄비 같았지
매화 만나고 온 봄비 같았지

매화차

마시려고 하는 것이 아니다
네 얼굴 보고 싶어서이다
깊은 밤 나 혼자 깨어있을 때
건네줄 수 없는 마음 하나가 폭설이 될 때
폭설에 파묻혔어도 뜨겁게 눈뜨는 꽃잎이 될 때
속눈썹이 꽃술처럼 떨리는 그 지점에서
간절한 얼굴 하나 불러보고 싶은 것이다
그리움의 책갈피에 말리고 말렸으나
바스라지지 않는 네 얼굴
그 꽃잎 한 장 꺼내 찻잔에 띄워보는 것이다
생시처럼 피어나는 너의 눈동자에
오래도록
내 얼굴 비춰보고 싶은 것이다.

소나무

무게라곤 없는 달빛이라도
긴 세월 이고 살았더니
등이 굽더라고 노송이 말씀하신다

몇 백 년쯤 안개에 스치니
옹이도 생기더라,
천둥번개에도 끄떡없었는데
속도 안보이고 소리도 안내는
조용한 것들이 언제 그랬는지
내 속을 후벼 놓았더라고도
말씀하신다

말씀하시는 얼굴은
여전히 나보다 푸르고
단단하고
옹이에서는 송진향이 진동한다

평생 푸르게 산다는 것은
이런 것인가 보다
슬픔도 분노도 솔가지로 다스렸으니
곪는다는 것이 진액으로 변하여
솔향만 무성해진 거다

여전히 주름 없는 푸른 이마에
검게 윤나는 머리칼
맥박소리 웅장한 뿌리 위에 걸터앉은 내가
조그맣게 말한다

"스님, 달빛이 이리도 고와요 어쩌지요?"

"이왕 굽히고 살거면
달빛에 무릎 꿇고 살으려므나"

내가 스님이라 불러도 별 내색이 없으시더니
달그림자 속으로
걸어가 버리신다

별들의 고향

당신을 사랑한다면서 내가 아픈 것은
당신이 나만큼 나를 생각하지 않는다는
탓을 품어서이지요

내 가슴 아픈 것으로
당신 마음을 아프게 했습니다
당신의 아픔은
병이 되어 내게 돌아와
나는 당신을 똑바로 볼 수도
없게 되었습니다

나무가 그 누구에게도 기대지 않고
상관하지 않고 살아도
옹이가 못나게 뭉치듯이

의도치 않게 깊은 그늘을
만들고 말 듯이

고요한 강물조차
바다에 이르러서는
결국 파도를 토해놓듯이

다만 사랑하고
다만 사랑받고 싶다는
보잘것없는 마음들이
모래알이 되고
사막이 됩니다

당신이 내 속에서
천국과 지옥을 키웠듯이

사막은 낙타와
신기루를 키우고
선인장은 가시를 키웠습니다

가시는 또 결국엔
꽃을 피우겠지요
마지막인 줄 알면서도
목숨과 사랑을 바꾸겠지요

밤이면 별들이
사막의 모래 위로
수북이 내려오는 이유를
이제 알았다 한들
무슨 위안이 될까요

밤비

후드득 떨어지는
빗소리에
별똥별 쏟아지는 줄 알고
창문을 열었다

천천히
소원을 빌어도
다 들어줄 것 같다

유월

허공에
반쯤 열린 창문들이
여기저기 나타나더니
햇살에 반사되기
시작하더니

일제히
문을 열었다
활짝 열었다

바람과 바람 사이에
창문이 걸치고
창과 창 사이에
구름이 걸터앉아
하늘을 접었다 폈다 놀고

나무들은 잎사귀들을 몰고
달려오더니
눈 깜짝할 사이에
와락 나를 안아 올렸다

신록이다
신록이 나를 알아보았다
우리는
깊은 관계에 빠지고 말 것이다

달동네

비 맞은 가을나무같이
잎사귀 하나하나
달큰하게 흠뻑 젖은 저녁

달 보러 가요, 연인이여
청초한 난꽃향기 내뿜는
달동네로 가요

많은 달들이
그곳엔 살아요

가난을 모르는 맑은 달이
연등처럼
주렁주렁 열린다는
그곳으로 가요

작은 달들을 위해
촛불을 켜고
난꽃 같이
심지를 돋워주고

우리에게 알맞게
많은 기도가 필요치 않은
간소한
달집 하나 빌려 살아요
연인이여
한 생만 살아보기로 해요

행복

깊은 봄날 뒷길로
하염없이 떨어지던 꽃잎들이
모두 너였던 것은
아니지만

겨울날의 첫 눈송이들이
다 너였던 것도
아니지만

앞이 안 보이도록 가로막던
빗줄기들 또한 모두
너였을 리 없지만

그럼에도, 그럼에도
최후까지 떠나가지 않고
내 가슴에 남은 것은
너여서

너뿐이어서
그것만이 행복하다

개망초

뻐꾸기소리 피나게 파고드는
산비탈에서
그래도
웃는 게 낫다고

물결도 없이
흘러가버리는
여울가에서
그래도 그래도 웃는거라고

비수같은
땡볕에 알몸으로 찔리면서도
아랑곳없이
그래도
그래도
그래도
웃자고 덤비는
망초꽃

그 사람

내가
달의 마음에 자꾸 끌리는 건
그도 나처럼
지구에서 겉돌고 있어서이다

한 발자국 다가가다
두 발자국 물러서는
내 천성과 닮아서이다

누군가의 마음에 내 마음을
걸어두고 싶은 것
닮아도 보고 싶은 것

마주보며 둥근 미소를 나눠보고
싶은 것
태어난 순간부터 원했던 그것들을
너도 나도 아는 것을
서로 알아본 것이다

이 푸른 별을 먼 발치서
바라만 보는 마음
그 마음을 달이라 부른
맨 처음 사람은 누구였을까

울지도 웃지도 못하고
창백한 얼굴로 견디기만 하는
저 마음에
달이라 이름 붙인
맨 처음 그 사람이
슬프다

지저귀다

오뉴월 한낮에는
숲으로 가서
나무처럼 서 있어볼까

새처럼 지저귀는
파랑새 알을 품은
새 둥지도 되어보다가

(둥지를 이고 있는 나무는
언제 보아도 괜히 으쓱해 있는 것 같다)

따뜻한 새의 가슴에 묻히어
엄마 이름도 한 번
불러 보다가

아버지는 가신 지
너무 오래되어서
불러도 대답 못 하시겠네

그래도
한 번은 불러 봐야지
뻐꾸기도 저렇게
울다 가는데
묻어서
불러 봐야지

사람을 살라먹는 별

아직 사람들의 눈물이
부족하였는지
목마른 별들이 자꾸
세상으로 내려온다

내려와서는
젖은 베개를 베고 잠든
사람의 머리맡에서
창문처럼
그리운 눈빛이다

잠든 사람의 꿈에
차오르는 달빛이
곧 눈물방울로 흘러나올 줄
아는 것처럼

3부
새가 자라는 나무

새가 자라는 나무

새 한 마리 새장 없이
내 옆에 나란히 앉힐 수 있을까요

날개를 한 번도 써본 적이 없어서
백 일이 백 번 지났는데도
퍼덕일 줄만 아는 새 한 마리
키우고 있습니다

아직 말하는 법은 몰라도
뿌리를 내릴 줄 몰라도
날갯짓은 하루도 거르지 않는
새 한 마리 옆에 있습니다

갈 곳이 있는 것은 아니지만
날아서 도착할 그 어딘가를 상상하며
나무와 새와 뿌리와 나이테는 나날이
발전합니다

발전에 발전을 거듭하여
보이는 것 모두 느끼는 것 모두
깃털로 성장합니다

날으는 일도 말하는 일도
서툴고 부끄러운
나와 나의 새는 하루에 한 번씩
서로 닮아가는 것을 확인하며

하루에 한 시간씩 노래를 하고
한 뼘씩 나이테를 그리고
한 계단씩 하늘 쪽으로 나아갑니다

새벽과 아침 사이

별들이
물기를 털어내는 새벽

마지막 달빛이 내려와 꽃들을
디디고 다닌다
향기가 더 달콤해지라고
그러는 모양이다

놀라지 않고
한 마디 사족도 없이
풀잎은
이슬방울을 달기 시작이다

잠든 사람들의 꼭 쥔 주먹이
풀어지는 건
꿈을 꾸느라고 그러는 것이겠지

새벽이 깊을수록
별들이 또렷해질수록
꿈꾸는 사람들의 주먹이 풀어질수록

이슬은 맑아지고 커지고
순한 종소리가 되어
묵음의 맴놀이를 만들며
흰 땅을 적시고
지평선을 울린다

잠든 사람들의 손금에서 운명선이
<u>흐르고</u>
생명선이 흐르고

누군가에게 이끌리듯
아침이 오니
또 하루 신세 지기 전에
두 손을 활짝 펴자

달려오는 운명의 끈을 손안에 덥썩 잡아보자

사람의 무늬

잔잔한 수면 위에
나뭇잎 하나 얹혔다.
그랬을 뿐인데

고요하던 호수가
푸르게 감았던 눈을 뜨더니
천천히 오래
글썽거린다

그리운 것은
다
물결이다

빗소리

너는 소리의 대가였구나
들으면 들을수록
고요만 남아
천둥 같은 고요만 남아
갈데없는 내 숨소리가
내 귀에만 몰려드는구나
나 혼자 뱉어내는 침묵의 소음이
이렇게
오한했었구나.

장마

소나무야
참나무야
느티나무야

무슨 말이든
말 좀 해주라

몇백 년 사는 동안
본 거
들은 거
조금만 말해주라

하늘도 한 번씩은
저렇게 긴 눈물바람으로
속내를 비치는데

쏟아지는 사연들에
묵묵히 머리 숙이는 심정
다 물을 수 없겠지만

너도 한 번은
말하고 싶은게 있지 않을까

나도 한 번은
네 목소리 들어줘야 하지 않을까.

장마 2

비가 마구 자라니
나무들이 잠시 걸음을 멈춘다

돌아가던 나이테가 멈추고
하늘로 치솟던 어깨에
힘도 뺐다

모든 동작이 사라진 세상에서
나는 비로소

더 이상 안보이는 얼굴을
빗줄기 사이사이를
헤집으며 찾아다닌다

찾고자 해서가 아니라
만나고자 해서가 아니라

내리는 비에게도
의미를 주고 싶으므로
의미가
되고 싶으므로

장마 3

먼 데만 쳐다보던 창문이

물샐틈없이 퍼붓는 빗줄기가
앞을 가리자
그제야 뒤를 돌아본다

안으로 들어와
내 옆에 앉는다

불쑥 다가온
지난날들이
골똘히 나를 쳐다본다

장마 4

먼저 걸어가
벼랑을 만났던 마음이
지금 오고 있다

밤을 새워 걸어오는 소리
어둠 속에서
별자리 그리듯 그려보자니

앉지도 눕지도 서 있지도 못하겠다

벼랑을 안고 뛰어내렸으면
어디까지 도착했을까
바닥이 없었다면
오지 않아도 됐을텐데

누군가 찾아와서
이름 하나 물어오면
내가 누구인지 어떻게
말해줄까

벼랑을 건넜던 마음이
지금 오고 있다

천천히 아끼며
걸어올 것이다

길이 끝나면
우리도 끝날 것이므로

장마 5

비 오는 저녁에는
미운 얼굴도 다 지워져
눈이 편안하다고
일기를 쓰자

노을도 없고
조용히 날아가는 새도
없다고 써 두자

노을이 없어도
붉어지는 마음이라고

집으로 돌아가는 새를
보지 못해서
날개를 걱정하는 마음이라고

귀로도 읽어지고
눈으로도 들린다고
써 두자

내 일기를 훔쳐볼 요량인지
떠날 생각도 없이
무작정
몇 날 며칠을
창문 앞에 버티고 섰는
비

있는 그대로

중대가리풀이라 했다
스님과는 전혀 상관도 없는

세상에 던져졌기에
던져진 그 자리에서
살고있을 뿐

무례한 이름을 얻고도
기죽지 않는다
대대손손 중대가리로 살리라
번식에 여념이 없다

예쁜 꽃잎도 향기도 없이
널리 인간을 이롭게 한다는
한 가지 약성도 없이
누구 것 빼앗아 보겠다는
모진 욕심도 없이

폭우 내릴 때 빗물 마시고
햇살 퍼부을 때 햇빛 먹고
목마를 땐 시들어가며
제 뿌리 하나 지키며 산다

없는 대로
생긴 대로 살아가기란
얼마나 악착같아야 하는지
얼마나 더 못나야 하는지

해바라기

웃겨서 웃는 게 아니에요
웃으려고 결심했기 때문에
웃는 거예요

그렇게 약속했어요,
내 인생에게
내가 널 흉해지지 않게 해줄게
환해지도록 가꾸어 줄게

매일은 못 웃어도
날마다 웃으려고 결심했어요

혹시 비 오는 날 있으면
그때 펑펑
울겠지요

등산

가끔씩
높디높은 산을
올라야 하는 이유는

그 어드메쯤에
나이는커녕
죽었는지 살았는지
생사조차 가늠이 안되는

귀신같은 고목을
만나야 하기 때문이다

그 고목 앞에서
통곡해야 하기 때문이다

번개가 되지 않으려면

누구를
겨누지 않으려면.

그림자가 많은 사람

그리울 땐
먼 곳에 기대게 되고

외로울 땐
바로 옆에 기대게 된다

그림자가 많은 사람의 목소리에는
솔향기 술향기가 베어있고
바닥에 뒹굴던 꽃향기도 얹혀있다
자기 그림자에게라도
기대야 하는 게 사람이다

달무리 목에 건 밤하늘이
눈시울 붉게 변하는 걸 보며
더 이상 그립지도 외롭지도 않을 때
우리는 새가 될 수 있겠다는
생각을 한다

하늘과 땅 사이를
혼자 힘으로 오갈 수 있을 때

사람도 새처럼
그림자를 벗었다 입었다
할 수 있겠다고
생각해 본다

소나기

창공에 소나기 지나가자

그간 사람들의 때묻은 눈길로
얼마나 찌들었었는지

뱉어냈던
수많은 말들의 먼지와
먹물 찌꺼기

충혈된 눈동자들이 남긴
지우기 힘든 얼룩들
다
닦아내어

물샐틈없이 정갈한
여백 속에
보이지 않던 새 발자국들

온전하다

너의 의미

꽃은
시들어도 꽃
떨어져도 꽃
소리 없이 사라져도 꽃
더 이상 꽃이 아니어도 꽃

향기를 잃기 전에
더 이상 꽃 아닌 적 없겠지만

내가 너의 향기를
잊지 못하는 한
너는 향기를 잃은 적 없는거라
단 한 번 피우다 죽어도
아무리 죽어도
네 이름은 꽃인거라

소용없는 짓이 씨앗을 만들고

밤하늘에
별들이 가로등처럼 줄지어 켜지는 동안에
수취인 불명의 편지를
쓴 적이 있습니다

눈이 가물가물해진 별들이
새벽을 데리고 올 즈음에는
썼던 편지를 지웠습니다

혼자된 지 너무 오래여서
장님이 되버린 가로등
아래로 가서는
얼룩이 여러겹인 백지를 비추며

남은 글자가 있나 없나
자세히 살폈습니다

꽤 긴 편지여서
오래도록 들여다 보았지요
요즘 누가 손편지를 쓰느냐고
손사래 치시겠지요

씨앗이 되는 거거든요
돌이라도 넋을 품게 되는 거거든요

썼다가 지우고 썼다가 지우는
일을 평생 겪은,

백지라고도 부를 수 없게 된 얼룩진
잿빛의 종이를 부디
비웃지 마십시오

다 지워지고
첫 문장부터 다시 써야 할
오래된 백지지만

어딘가에 남겨졌을 글씨 하나가
때늦은 봄날의 흰 눈처럼
우리들 창가를 찾아와
지웠던 글씨들을 하나하나
남김없이
들추어낼지도 모르니까요

우리 앞에 펼쳐지는 그
상형문자들을
읽지 못하면
눈이 멀 수도 있으니까요

청국장을 끓이며

사랑을 하여 심장을 꺼내 주고
이별을 하여 눈물을 내어 주고
마음이 바닥날 때까지
그리움을 주고
지푸라기 허수아비가 되어
오장육부 다
썩어졌다가

악취 풍기며
들끓고 나서야
피가 돌고
사람이 되는

불면

바람에게 사람을 물으면
지금 사라지는 중인
투명한 이슬을 가리킨다

꽃에게 향기를 물으면
나비의 찢어진 날개를
보여주고

강에게 세월을 물을때면
물 흐르듯 가버리는 시간에 대해
침묵하자 한다

바다에게
의미와 무의미를 물었을 때
속이 안보이게 사느라
바닥까지
짜디짜노라는 고백을 들었다

바닥이 없는 그 이야기를
다 듣자하니 내가
잠이 올 리가 없다

폭염

매미 울음에 온통
긁히고 긁힌 바람이
죽어라 하고
불을 지피는데

숲은 타도타도
시퍼렇다

수평선

굽힐 줄 모르는
외골수라고

파도는 밀어내고 밀어내는 것이
일이었는데

어느새 다가온 수평선이
긴 팔로
바다를 안고 있었다

안부

달이 가는 길은 달이 알고
새가 가는 길은 새가 알고
사람이 가는 길은
사람이 모르는데
모르면서 가야 하는 게 사람의 길인데

눈도 없고 다리도 없는 마음은
가는 길도 모르면서
무턱대고 날아가는 마음은

가는 건 날개 없이도 잘 갔다가
되돌아 오는데엔 서툴러
제자리걸음 밖에 모르는
속이 훤히 다 보이는 마음을

죽어도 모른척하는 당신은
오늘도
편안하신가요

소낙비

지금 단내 풍기며 내리는
이 비는
자식의 허기를
못다 채우고 하늘로 올라간
어미의 모유입니다

한평생 굶은 아기처럼
울컥 울컥
숨넘어갈 듯 삼키는
저 우렁찬 땅의 목울대 소리

붉고 흰 흙빛의 혈관들이
엄마 가슴처럼
부풀어 윤기가 흘러요

배고픈 자식들을 두고
어째서 그 먼 곳으로
떠났다가
지금 오느냐고
이렇게 거꾸로 서서 오시느냐고
물을 수 없습니다

하늘로 가서
한 번은 죽었다 와야
어머니로 완성되는 것을
우리는 언제나
마지막이 되어서야 눈치채는
배고픈
불효자입니다

봉숭아물 들이며

봉숭아물 드는 손끝에
노을이 몰려온다

동여맨 손가락 치켜들면
달무리 발그레해지고
내 그림자도 발그레하다

꽃물 다 지워지기 전에
거짓말처럼
누군가 찾아도 오면
더없이 좋겠지만

봉숭아물 드는 손끝에서
노을이
아무리 글썽거려도
그럴 일은 없겠지만

초승달 자라는 동안
자라고 자라서
손톱에 맺히는 동안

오직 반달로만 맺히는 동안

해바라기

태양은
저 혼자 너무도 행복해서
날마다 눈부셔지다가
온 세상에
꽃들을 피우고

작고 단단한 씨앗들을
알알이 낳아 놓는다
자기 닮은 자식들을
하필이면 꽃씨 속에 남긴다

우리가 태양의 자식들임은
만천하가 다 아는
사실이다

퉁퉁 붓도록 울다가도
꽃만 보면
웃으니

사랑이란

고목나무에 붙은
매미 허물을 보았다

다 비우고도 나무껍질을
붙들고 있구나 싶어
가까이 다가가 보았더니

아니었다
처음부터 꼭 붙들고 있던 쪽은
매미가 아니라
나무였다

짧은 평생을
한 방울 남김없이 울부짖고 간
매미의 절창을
나무가 놓지 못하고 있는거였다

잘못 겨냥된 사랑의 화살에
제대로 명중당한 것이라
고개를 젓는데
드러난 나무뿌리가
내 발목을 탁 잡는다

한 번도 소리내어
사랑을 말하지 못한 나무가
애통한 매미들의 사랑 고백을
죄다 듣다가
온 힘을 다해 귀를 빌려주다가

임자가 따로 있는 고백에
제가 넘어가버렸다고
떠난 지 오래인 허물을 미처
놓지를 못하겠다고
내 발목까지 잡는 거였다

숲을 지나다
매미의 허물을 붙잡고 있는
나무 한 그루를 만나면
한 번쯤은 그에게
붙들려 주자

옹이에 고인 슬픔을
쓰다듬어 주자

아득히 먼 곳

남쪽 해안 쪽으로 달리다가
국도변 어딘가
멈춘 적 있습니다

거기 도로변 조그만 밭에서 누군가
손짓으로 부르는듯하여
여름날의 구름이 더운 김 머금은
수건처럼 헐떡거리며
제때 못 따라오는 듯하여

그 참에 선잠 자는 새들이 숲 사이사이로
비죽이 보이는데
곧 땅으로 떨어질 듯도 하여
그리되면 그 숲 아래에 묻어주기라도
해야 할 듯하여서

나지막한 돌멩이 울타리로
둘러싸인 베개모양 밭에는
줄지어 핀 포롬한 깨꽃들이
앳되게도 웃으며

풀들과 팔 걸고 머리 맞댄 고구마줄기는
또 얼마나
거뭇거뭇한 늙은 엄마 손등에
돋은 힘줄 같던지

돌담 울타리 옆 개망초꽃들 앞에
한참을 섰더랬습니다
망초꽃 눈망울 하나하나 다 들여다
보며 눈 맞추었습니다

우리는 서로의 뿌리쪽을 보다가
고구마줄기처럼 보다가
제가 먼저 발을 벗어놓았습니다
그리고 신발을 벗어
옆에 두고
두 눈마저 꺼내 묻었지요

끝내 남쪽 바다엔
당도하지 못하고
바다를 건너가는 지도도 구겨버리고

빗방울 흩어지는 도시로
이 눈먼 비극이 시작되었던
도시로 되돌아 왔습니다

마음에 그려진 지도는 빗물에
씻기지 않고
멀리 던져버려도 잊혀지지 않을
터이지만

멈출 수도 끝맺음할
방도도 없는
그리움들은
주인 모를 그 밭두렁 깨꽃 옆에서
하얀 꽃잎을 틔우고 있겠지요

틔워서 흔들리겠죠
바람결에 얼굴을 묻고
아득히 먼 곳을 향해

처서에

내 가슴은
이렇게 새가슴이라
미운 사람 하나
보듬기가 벅찼었는데

어떻게
저 큰 하늘이 조그만 내
두 눈에 다 들어올까

다 들어왔어도
파란 눈동자는 되지 못할까
파란 눈물 한 방울
안날까

가을이 오면
그 많은 가을을
사람들은 다
어떻게 감당해 낼까

나뭇잎들이
빨강 노랑으로 변신하는
이유가 다 있었다

하얀 나비

빗물에 젖은
길바닥 위에
날개를 활짝 펼친 모습으로
나비가 죽어 있었다

죽은 나비는 날개를
접지 않는다

바람에 부서지고
햇살에 반짝이는 가루가 되어
세상 모든
꽃을 향해 날아간다

네 생각

태양을 오래 보면
눈앞이 캄캄하고

흰 달을 오래 바라보면
마음이 캄캄하다

밤하늘은
누구를 본다고
저만큼 캄캄해졌는지

별들이 아무리 쉬지 않고
걷는다 해도
우리 앞에
도착하지 못할 것이다

연꽃을 보내며

달항아리와 마주한 적 있다

흙으로 태어난 검은 몸을
불 속에 던졌더니
순백의 여인이 되어 있더라는
사연을 들었다

흙 한 덩이가
바위도 녹일 수 있는 불꽃에게
비수처럼 찔렸을 때
피 한 방울 흘리지 않고
살아남아서

아기 같은 흰 달로 태어나는 일이
이 세상에서 일어날 수 있는
일인가 생각하며
연못가에서 고개를 수그릴 때

처서도 지난 달밤에
지금 지는 중인 연꽃이
이글거리는 불꽃이었던 업보를
한 장씩
물에 띄우는 소리 들려왔다

푸른 잎사귀 하나 기울여 놓고
물 위로 떠오르는 물안개들을
모으는 소리도 들리었다

그림자부터 천천히 거둬서
무얼 베어 먹은 적 없는 입술로
둥글게 머금은 이슬 한 방울
끝내 삼키지 않고

안녕, 매미

충분한 행복은 있어도
충분한 불행은 없다

넘치는 불행은 알아도
넘치는 행복을 다 모른다

너는 조금 덜 불행했기를
잘 살았다는 유언이기를
두고 간 네 허물 앞에
기도한다

허물이라 부르는 이 허물이
뜨거웠던 삶의
속알맹이었음을
긴 여름
땀흘리며 배운다

우산 속

비오는 풍경이 보기에 좋아서
걸음을 멈출 수밖에 없었다
빗소리와 내 호흡이 같아질 때까지
내가 움직일 생각을 하지 않자

내 마음을 읽었는지
비가 우산 속으로 들어왔다
우산이 작아 서로의 바깥쪽
어깨가 젖을 때까지
우리는 함께 나란히 서서
비오는 풍경이 되었다

우리는 서로의 젖은 어깨가
떨며 울지 않도록
아직 젖지 않고 따뜻한 안쪽의 어깨를
꼭 맞대고 걷기 시작했다

하늘을 본다는 것

저기에
무엇이 숨겨있나 보려고
하늘을 훔쳐보는 사람은 없다

무언가 건져 보겠다고
하늘 비친 강물에
그물을 던지는 사람도 없다

내가 누구인지 모를 때
네가 누구인지 알고 싶지 않을 때

그럼에도 우리들의 눈물이
아직도 뜨겁다는 것이
불가사의 해질 때

지우고 싶은 말
단 한마디도 없는
하늘을 본다
쓰고 싶은 말 한마디 못 새기는
하늘을 본다

주고받았던 말들을
다 버리고
다시는 말할 줄 아는
짐승이 되고 싶지
않을 때 하늘을 본다

한용운문학상 수상작가

호수에 조약돌 하나 던졌다 나 여기 있노라고

김현미 서정시집

발행일 _ 2021년 1월 18일
발행인 _ 이정록
발행처 _ 도서출판 샘문
저 자 _ 김현미
감 수 _ 이정록
기 획 _ 최지은
편집디자인 _ 신순옥
인 쇄 _ 도서출판 샘문
주 소 _ 서울특별시 중랑구 동일로 101길 56, 3층(면목동, 삼포빌딩)
전화번호 _ 02-491-0060 / 02-491-0096
팩스번호 _ 02-491-0040
이메일 _ rok9539@daum.net / saemteonews@naver.com
홈페이지 _ www.saemmoon.co.kr (사단법인 문학그룹 샘문)
          www.saemmoonnews.co.kr (샘문뉴스)
출판사등록 _ 제2019-26호
사업자등록증 등록 _ 113-82-76122
샘문사이버교육원 (온라인 원격)-교육부인가 공식교육기관 _ 제320193122호
샘문평생교육원 (오프라인)-교육부인가 공식교육기관 _ 제320203133호
샘문뉴스 등록번호 _ 서울, 아52256
ISBN _ 979-11-91111-29-3

본 시집의 구성은 작가의 의도에 따랐습니다.
이 책의 저작권은 저자와 도서출판 샘문에 있습니다.
무단 전재 및 표절, 복제를 금합니다.

파손된 책은 구입처에서 교환해 드립니다.
본지는 한국간행물 윤리위원회 윤리강령 및 실천요강을 준수합니다.

도서출간 안내

도서출판 샘문 에서는

시인님, 작가님들의 개인 〈시집〉 및 〈수필집〉, 〈소설집〉 등을 만들어 드립니다.
시집(시, 동시, 시조), 수필집, 소설집(단편, 중편, 장편), 콩트집, 평론집, 희곡집(시나리오), 동요, 동화집, 칼럼집 등 다양한 장르의 출판을 원하시는 분은 언제든지 당 문학사 출판부에 문의해 주시기 바랍니다.
좋은 책을 만들어 드리기 위해 최선의 노력을 다하겠습니다.

빅뉴스

필명이 샘터인 이정록시인 (아호 : 지율, 승목)이 2020년 7월 31일 재발행한 「산책로에서 만난 사랑」이 오프라인 서점, 온라인 서점, 오픈마켓에서 절찬리에 발매 되었으며, 특히 교보문고 에서는 1년간 베스트셀러를 기록하였으며, 현재 스테디셀러를 지속하고 있습니다.
샘문 시선집으로 유수에 로럼 출판사와 저명 시인들을 제치고 베스트셀러를 기록한 후 스테디셀러 행진 중이며 교보문고 「골든존」에 등극한 것은 샘문 시선집의 브랜드력과 당 문학사 대표 시인인 이정록 시인의 저명성과 주지성이 독자 확보력이 최선상임이 증명 된 사례입니다. 또한 네이버에서 〈판매순위〉, 〈평점순위〉, 〈가격순위〉를 교보문고 등에서 1위를 지속하고 있는 시집을 네이버에서 전국서점을 모니터링 한 후 베스트셀러로 선정하였고, 이어 원형에 붉은색 사인(sign) 낙관을 찍어 줬습니다. 그 후 서창원 시인의 〈포에트리 파라다이스〉가 베스트셀러로 선정되었으며 강성화 시인, 박동희 시인, 김영운시인, 남미숙시인, 최성학시인, 서창원시인 시집이 또 베스트셀러로 선정되었습니다.
그 이후 이정록 시인에 후속 신간 시집 〈내가 꽃을 사랑하는 이유〉와 〈양눈박이 울프〉신간 시집이 3개월 째 베스트셀러(교보문고) 행진을 지속하며, 3쇄를 완판하고 현재 「골든존」에 등극하여 현재 전시 중 입니다.

샘문특전

교보문고, 영풍문고, 인터파크, 알라딘, 예스24, 11번가 GS Shop, 쿠팡, 위메프, G마켓, 옥션, 하프클럽, 샘문쇼핑몰, 네이버 책 등 주요 오프라인, 온라인, 오픈마켓 서점 및 쇼핑몰에 공급하고 있습니다.
기획, 교정, 편집, 디자인에 최고의 시인(문학박사) 및 작가등 전문가들이 참여하여 감성이 살아있는 시집, 수필집, 소설집을 만들어 드립니다. 인쇄, 제본 용지를 품질 좋은 우수한 것만 사용합니다.
당 문학사 컨버전스 감성시집과 샘터문학신문, 홈페이지, 샘문 쇼핑몰, 페이스북, 밴드, 카페, 블로그 합쳐 7만명의 회원들이 활동하는 SNS를 통해 홍보해 드립니다.
당 출판사를 통해 국립중앙도서관 및 국회도서관에 납본하여 영구보존합니다.
당 문화사 정회원은 출판비 〈10% 할인〉이 적용됩니다.
교보문고 광화문 본점 매장에 전용판 매대에 전시됩니다.

문 의 처

TEL : 02-496-0060 / 02-491-0096 | FAX : 02-491-0040
휴대폰 : 010-4409-9539 / 010-9938-9539
E-mail : rok9539@daum.net
홈페이지 : http://www.saemmoon.co.kr
　　　　　　http://www.saemmoonnews.co.kr
주소 : 서울시 중랑구 101길 56, 3층 (면목동, 삼포빌딩)
계좌번호 : 농협 / 도서출판 샘문 351-1093-1936-63

신문학헌장

 문학이 인간에게 어떤 역할을 하는지, 주는 감동이 얼마나 큰 것인지를 알아야 한다.

 작품을 출산하고 매체를 통해서 보여주고 이를 인간이 향수할 때 비로소 본질을 찾을 수 있다.

 시인, 작가들은 청정한 생명수가 솟아나는 샘물을 제공하는 마중물이 될 것이며 노마드 신문학파로서 별들이 꿈꾸는 상상 속 초원을 누비며 별꽃을 터트려야 한다.

 문학활동은 인간의 영성을 승화시켜 은사적, 이타적 인생을 살아가도록 구축해 주는 도구로 인간이 창조한 가장 심원한 예술이며, 갈구하는 본향을 찾아가고 이상을 실현시키는 수단이다.

 문학인은 시대정신을 바탕으로 황폐화된 인류의 치유와 날선 정의로 부패한 권력과 자본을 정화하고 보편적 가치로 약한 자를 측은지심으로 대하는 보호자가 되어야 한다.

 우리는 작금의 한국문학을 점검, 반성하며 이를 혁신하여 시대와 국민과 문학인이 함께하는 문학헌장을 제정하여 신문학운동을 전개할 것을 선언한다.

- 첫째 : 삶에 기여하는 숭고한 문학을 컨버전스화 하고 고품격 콘텐츠로 승화 시켜 인류가 향수하게 한다.

- 둘째 : 수천 년 역사의 한민족 문화콘텐츠를 한류화하여 노벨꽃을 피우고, 인류의 평화, 자유, 행복에 기여한다.

- 셋째 : 위대한 가치가 있는 문화이기에 치열한 변화를 모색하고 품격을 최선상으로 끌어올려 세계문학을 선도하자.

2021. 06. 06

헌장문 저자 이정록